Die Erfindung
der Körpersprache

Mimik, Gesten und Gebärden

Eine Betrachtung

von

Lutz Spilker

DIE ERFINDUNG DER KÖRPERSPRACHE – MIMIK, GESTEN UND GEBÄRDEN

Bibliografische Information der Deutschen Nationalbibliothek:
Die Deutsche Nationalbibliothek verzeichnet diese Publikation in der Deutschen Nationalbibliografie; detaillierte bibliografische Daten sind im Internet über http://dnb.dnb.de abrufbar.

Softcover ISBN: 978-3-384-20899-6
Ebook ISBN: 978-3-384-20900-9

© 2024 by Lutz Spilker
Druck und Distribution im Auftrag des Autors:
tredition GmbH, An der Strusbek 10, 22926 Ahrensburg, Germany

Inhalt

Ein guter Diplomat muss mit den Ohren sehen und mit den Augen schweigen können.

Lawrence George Durrell

(* 27. Februar 1912 in Jalandhar, Britisch-Indien; † 7. November 1990 in Sommières, Département Gard, Frankreich) war ein britischer Schriftsteller.

Vorwort

In der abwechslungsreichen Welt der Kommunikation hat die Körpersprache eine faszinierende Rolle inne. Das vorliegende Buch, mit dem suggestiven Titel ›Die Erfindung der Körpersprache‹, lädt den Leser ein, tief in die Ursprünge, die Entwicklung und die vielschichtige Bedeutung dieser nonverbalen Form der Mitteilung einzutauchen. Der Autor hat es sich zur Aufgabe gemacht, das scheinbar Unsichtbare zu erkunden, das in der Art und Weise liegt, wie wir uns ausdrücken, ohne Worte zu gebrauchen.

Die Idee hinter der ›Erfindung der Körpersprache‹ ist keineswegs, sie als etwas Neues oder Künstliches darzustellen, sondern vielmehr, ihre tieferen Wurzeln zu verstehen und ihre Entwicklung über die Jahrhunderte hinweg zu verfolgen. In einer Welt, die von digitaler Kommunikation geprägt ist, gewinnt die Körpersprache eine neue Relevanz, indem sie als Verbindungsglied zu unseren fundamentalen menschlichen Ausdrucksformen fungiert.

Die Reise, die dieses Buch anbietet, beginnt mit einem historischen Rückblick auf die Anfänge der Erforschung von Körpersprache. Von antiken Zivilisationen bis hin zu bahnbrechenden wissenschaftlichen Entdeckungen des 20. Jahrhunderts wird der Leser eingeladen, die Entwicklung und Anerkennung der Körpersprache als eigenständige Form der Kommunikation zu verfolgen. Dabei wird deutlich, dass die Körpersprache nicht nur ein Nebenprodukt unserer verbalen Kommunikation ist, sondern ein eigenständiges System, das tief in unserer evolutionären Geschichte verwurzelt ist.

Das Buch widmet sich auch den kulturellen Unterschieden und der Vielfalt der Körpersprache. Es wird beleuchtet, wie verschiedene Gesellschaften und Gemeinschaften ihre eigenen unverwechselbaren Ausdrucksformen entwickelt haben und wie diese Nuancen einen Einfluss auf die zwischenmenschliche Interaktion haben. Der Leser wird dazu ermutigt, über den eigenen kulturellen Horizont hinauszublicken und die universellen Elemente der Körpersprache zu erkennen, die uns als Menschheit verbinden.

Ein weiterer Schwerpunkt des Buches liegt auf den wissenschaftlichen Erkenntnissen, die die Körpersprache umgeben. Mit einem klaren und fundierten Ansatz werden die neuesten Erkenntnisse der Psychologie, Neurowissenschaften und Anthropologie präsentiert. Dabei wird der Leser dazu angeregt, die Komplexität der Körpersprache nicht nur als eine intuitive Fähigkeit, sondern als ein komplexes Netzwerk von Signalen und Reaktionen zu begreifen.

Insgesamt bietet ›Die Erfindung der Körpersprache‹ eine umfassende Reise durch die Welt der nonverbalen Kommunikation. Der Leser wird dazu angeregt, die Bedeutung der Körpersprache in einem neuen Licht zu sehen und sie als Schlüssel zur tiefen Verständigung zwischen den Menschen zu erkennen.

Dieses Buch lädt dazu ein, die subtilen Signale, die wir täglich aussenden und empfangen, bewusster wahrzunehmen und somit eine reichhaltigere und nuanciertere Kommunikation zu erleben. Ohne weiteres Zögern laden wir Sie ein, in die faszinierende Welt der Sprache einzutauchen und die erstaunliche Reise zu verfolgen, die zur ›Erfindung der Sprache‹ geführt hat.

Die Wurzeln der Körpersprache:

Eine historische Perspektive

Die Erforschung der Körpersprache führt uns auf eine abwechslungsreiche Reise durch die Geschichte der Menschheit, die eng mit der Entwicklung der menschlichen Kommunikation verbunden ist. Schon lange bevor das gesprochene Wort eine dominante Rolle in der Interaktion spielte, kommunizierten unsere Vorfahren durch nonverbale Signale, die tief in unserer evolutionären Geschichte verwurzelt sind.

Frühmenschen und die Geburt der Körpersprache

Die Ursprünge der Körpersprache reichen bis zu den frühesten Menschen zurück, die vor Hunderttausenden von Jahren auf der Erde lebten. Für diese Vorfahren, die in kleinen Gruppen umherzogen und sich durch Jagd und Sammeln ernährten, war die Fähigkeit, sich nonverbal zu verständigen, von entscheidender Bedeutung für ihr Überleben. Gesten, Mimik und Körperhaltung waren wesentliche Mittel, um Emotionen auszudrücken, Bedürfnisse zu kommunizieren und soziale Bindungen zu stärken.

Kulturelle Entwicklungen und Ausdrucksformen

Mit dem Aufkommen von sesshaften Gesellschaften und der Entstehung komplexer Kulturen begann die Körpersprache eine zunehmend differenzierte Rolle zu spielen. In verschiedenen Teilen der Welt entwickelten sich unterschiedliche Ausdrucksformen und Gesten, die oft tief in den kulturellen Traditionen und Bräuchen verankert waren. So wurden beispielsweise in einigen Kulturen bestimmte Handbewegungen oder Körperhaltungen zu Symbolen der Autorität oder des Respekts, während sie in anderen eine ganz andere Bedeutung hatten.

Die antiken Zivilisationen und ihre Beiträge

Die antiken Zivilisationen, von den alten Ägyptern über die Griechen bis hin zu den Römern, trugen ebenfalls wesentlich zur Entwicklung der Körpersprache bei. In den Höfen der Pharaonen oder in den politischen Versammlungen der griechischen Stadtstaaten war die Fähigkeit, nonverbale Signale zu interpretieren und zu nutzen, von entscheidender Bedeutung für den sozialen und politischen Erfolg. Darüber hinaus spielte die Körpersprache eine wichtige Rolle in den verschiedenen Formen der Kunst und Unterhaltung, die in diesen Zivilisationen florierten.

Die Renaissance und die Entdeckung des Individuums

Während der Renaissance erlebte die Körpersprache eine Wiedergeburt, da das Interesse an der menschlichen Anatomie und Psychologie stark zunahm. Künstler und Wissenschaftler wie Leonardo da Vinci begannen, die menschliche Gestik und Mimik genau zu studieren und in ihren Werken wiederzugeben. Diese Periode markierte einen Wendepunkt in der Geschichte der Körpersprache, da das Verständnis für die Bedeutung nonverbaler Signale zunehmend an Bedeutung gewann.

Die moderne Forschung und Anwendungen

Heutzutage setzen wir unser Verständnis für die Körpersprache in verschiedenen Bereichen wie Psychologie, Medizin, Soziologie und sogar in der Geschäftswelt ein. Forscher untersuchen weiterhin die Komplexität der nonverbalen Kommunikation und ihre Auswirkungen auf menschliche Beziehungen und Interaktionen. Darüber hinaus werden Technologien wie Videokonferenzen und virtuelle Realität zunehmend genutzt, um nonverbale Signale in der Kommunikation zu analysieren und zu interpretieren.

Zusammenfassung
Die Körpersprache als universelle Sprache

Die Geschichte der Körpersprache ist eine Geschichte der Menschheit selbst, die eng mit unserer evolutionären Entwicklung, kulturellen Vielfalt und sozialen Interaktionen verbunden ist. Von den frühesten Anfängen bis zur modernen Forschung bleibt die Körpersprache eine universelle Sprache, die es uns ermöglicht, uns auch ohne Worte zu verständigen und unsere tiefsten Emotionen und Gedanken auszudrücken.

Die Gesichtsmuskulatur im Fokus:
Anatomie und Ausdruck

Das menschliche Gesicht ist ein faszinierendes Instrument der Kommunikation, das eine Vielzahl von Emotionen und Absichten ausdrücken kann. Im Zentrum dieser Ausdrucksfähigkeit stehen die Gesichtsmuskeln, ein komplexes Netzwerk von Muskeln, die es ermöglichen, eine breite Palette von Ausdrücken und Gesten zu erzeugen.

Die Anatomie des Gesichts
Ein Blick unter die Oberfläche

Die Gesichtsmuskulatur besteht aus einer Vielzahl von Muskeln, die in verschiedene Gruppen unterteilt sind und eng miteinander verbunden sind. Zu den wichtigsten Muskelgruppen gehören die mimischen Muskeln, die für die Bewegungen der Lippen, Wangen, Augenbrauen und Stirn verantwortlich sind. Diese Muskeln sind direkt mit der Haut verbunden und ermöglichen feine und präzise Bewegungen, die subtile Emotionen ausdrücken können.

Der Ausdruck von Emotionen
Wie die Gesichtsmuskeln arbeiten

Die Gesichtsmuskeln arbeiten zusammen, um eine Vielzahl von Emotionen und Ausdrücken zu erzeugen, die unsere inneren Gefühle nach außen tragen. Zum Beispiel ziehen sich die Muskeln um die Augen zusammen, um ein Lächeln zu formen, während die Muskeln um den Mund herum angespannt werden, um eine Fröhlichkeit zu zeigen. Ärger kann sich in zusammengezogenen Augenbrauen und einem gespannten Mund manifestieren, während Überraschung durch weit geöffnete Augen und einen geöffneten Mund ausgedrückt werden kann.

Die Vielfalt der Ausdrucksformen: Kultur und Individualität

Obwohl die Grundlagen der Gesichtsausdrücke universell sind, gibt es auch kulturelle und individuelle Unterschiede in der Interpretation und Verwendung von Gesichtsausdrücken. Was in einer Kultur als freundliches Lächeln angesehen wird, kann in einer anderen als unhöflich oder unangemessen betrachtet werden. Darüber hinaus haben Menschen individuelle Variationen in der Art und Weise, wie sie ihre Gesichtsmuskeln kontrollieren und ihre Emotionen ausdrücken, was zu einer Vielfalt von Ausdrucksformen führt.

Die Bedeutung der nonverbalen Kommunikation

Gesichtsausdrücke und Emotionen

Gesichtsausdrücke sind eine wichtige Form der nonverbalen Kommunikation, die es ermöglicht, Emotionen und Absichten auszudrücken, ohne Worte zu verwenden. Sie spielen eine entscheidende Rolle in unseren zwischenmenschlichen Beziehungen, indem sie uns helfen, Empathie zu zeigen, Beziehungen aufzubauen und Missverständnisse zu vermeiden. Eine genaue Interpretation von Gesichtsausdrücken kann daher dazu beitragen, die Qualität unserer Kommunikation zu verbessern und eine tiefere Verbindung zu anderen Menschen herzustellen.

Zusammenfassung
Die Macht der Gesichtsmuskeln in der Körpersprache

Die Gesichtsmuskulatur ist ein zentrales Element der menschlichen Kommunikation, das es uns ermöglicht, eine Vielzahl von Emotionen und Absichten auszudrücken. Durch ihre komplexe Anatomie und ihre vielfältigen Ausdrucksmöglichkeiten spielen die Gesichtsmuskeln eine wesentliche Rolle in unserem täglichen Leben, indem sie uns helfen, uns mit anderen zu verbinden, unsere Gefühle auszudrücken und unsere sozialen Beziehungen zu gestalten. Ein tieferes Verständnis der Gesichtsmuskulatur kann daher dazu beitragen, unsere Fähigkeit zur nonverbalen Kommunikation zu verbessern und eine harmonischere zwischenmenschliche Interaktion zu fördern.

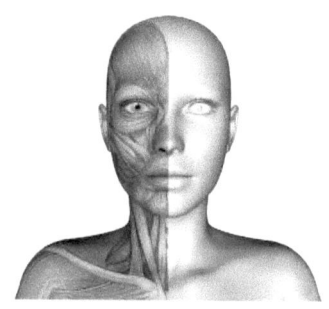

Die Rolle der Augenbewegungen in der nonverbalen Kommunikation

Die Augen sind oft als die Fenster zur Seele bekannt, und tatsächlich spielen sie eine entscheidende Rolle in der nonverbalen Kommunikation. Die Bewegungen unserer Augen können subtile Hinweise auf unsere Gedanken, Emotionen und Absichten geben, die oft ebenso aussagekräftig sind wie unsere Worte.

Die Vielfalt der Augenbewegungen
Ein Ausdruck der inneren Welt

Unsere Augen können in verschiedene Richtungen schauen und eine Vielzahl von Bewegungen ausführen, die verschiedene Bedeutungen haben können. Zum Beispiel kann direkter Blickkontakt oft als Zeichen von Interesse, Aufmerksamkeit oder Selbstbewusstsein interpretiert werden, während vermiedener Blickkontakt auf Schüchternheit, Desinteresse oder Unsicherheit hinweisen kann. Darüber hinaus können schnelle Augenbewegungen, wie z. B. das Blinzeln oder das Augenrollen, eine Vielzahl von Emotionen wie Verärgerung, Skepsis oder Langeweile ausdrücken.

Kulturelle Unterschiede und individuelle Variationen
Die Vielfalt der Interpretationen

Obwohl einige Augenbewegungen universelle Bedeutungen haben können, gibt es auch kulturelle Unterschiede und individuelle Variationen in ihrer Interpretation. Was in einer Kultur als respektvolles Verhalten angesehen wird, kann in einer anderen als unhöflich oder aufdringlich betrachtet werden. Darüber hinaus haben Menschen individuelle Unterschiede in der Art und Weise, wie sie ihre Augenbewegungen kontrollieren und interpretieren, was zu einer breiten Palette von Ausdrucksformen führt.

Die Rolle der Augenbewegungen in der zwischenmenschlichen Interaktion
Verbindung und Verständnis

Die Augenbewegungen spielen eine entscheidende Rolle in der zwischenmenschlichen Interaktion, indem sie dazu beitragen, Verbindung und Verständnis zwischen Menschen herzustellen. Ein angemessener Blickkontakt kann Vertrauen und Sympathie fördern und eine tiefere Verbindung zwischen Gesprächspartnern herstellen. Darüber hinaus können Augenbewegungen dazu beitragen, die Aufmerksamkeit auf bestimmte Themen oder Personen zu lenken und die Qualität der Kommunikation zu verbessern.

Die Bedeutung der Achtsamkeit

Bewusstsein für die eigenen und die Augenbewegungen anderer

Ein bewusstes Bewusstsein für unsere eigenen Augenbewegungen sowie für die Augenbewegungen anderer Menschen kann dazu beitragen, unsere zwischenmenschlichen Beziehungen zu verbessern und Missverständnisse zu vermeiden. Indem wir lernen, die Signale der Augen zu erkennen und zu interpretieren, können wir besser auf die Bedürfnisse und Emotionen anderer eingehen und unsere Fähigkeit zur nonverbalen Kommunikation stärken.

Zusammenfassung

Die Augen als Schlüssel zur nonverbalen Kommunikation

Die Augenbewegungen sind ein wichtiger Bestandteil der nonverbalen Kommunikation, der dazu beiträgt, unsere Gedanken, Emotionen und Absichten auszudrücken. Durch ihre Vielfalt und ihre subtilen Nuancen spielen die Augen eine entscheidende Rolle in unserem täglichen Leben, indem sie dazu beitragen, Verbindung und Verständnis zwischen Menschen herzustellen und die Qualität unserer zwischenmenschlichen Beziehungen zu verbessern. Ein bewusstes Bewusstsein für die Signale der Augen kann daher dazu beitragen, unsere Fähigkeit zur nonverbalen Kommunikation zu stärken und eine harmonischere Interaktion mit anderen zu fördern.

Gesten und ihre Bedeutungen:
Eine kulturelle Betrachtung

Gesten sind eine universelle Form der nonverbalen Kommunikation, die in allen Kulturen vorhanden ist und eine Vielzahl
von Bedeutungen tragen kann. Von einfachen Handbewegungen bis hin zu komplexen Körperhaltungen sind Gesten ein
integraler Bestandteil unserer zwischenmenschlichen Interaktionen und können tiefe kulturelle Wurzeln haben.

Die Vielfalt der Gesten
Ausdruck von Gedanken und Emotionen

Gesten können in verschiedene Kategorien eingeteilt werden,
darunter Handgesten, Gesichtsausdrücke und Körperhaltungen. Jede Geste hat ihre eigene Bedeutung und kann verschiedene Gedanken, Emotionen oder Absichten vermitteln. Zum
Beispiel können erhobene Daumen in vielen Kulturen als Zeichen der Zustimmung oder des Lobes interpretiert werden,
während das Schütteln des Kopfes oft Ablehnung oder Desinteresse signalisiert.

Kulturelle Unterschiede in der Bedeutung von Gesten

Obwohl einige Gesten universelle Bedeutungen haben können, gibt es auch viele kulturelle Unterschiede in ihrer Interpretation. Was in einer Kultur als höfliche Geste angesehen wird,

kann in einer anderen als unhöflich oder respektlos betrachtet werden. Zum Beispiel kann das Zeigen mit dem Finger auf jemanden in einigen Kulturen als unhöflich oder beleidigend angesehen werden, während es in anderen als normale Geste der Aufmerksamkeit betrachtet wird.

Die Bedeutung von Kontext und Subtilität

Die Bedeutung von Gesten kann auch stark vom Kontext abhängen, in dem sie verwendet werden. Eine Geste, die in einem informellen Gespräch angemessen sein kann, kann in einer formellen Situation unangemessen oder sogar beleidigend wirken. Darüber hinaus können subtile Unterschiede in der Ausführung einer Geste, wie zum Beispiel die Geschwindigkeit oder Intensität, ihre Bedeutung verändern und verschiedene Nuancen vermitteln.

Die Rolle von Tradition und Geschichte

Viele Gesten haben tiefe kulturelle Wurzeln, die auf Traditionen, Bräuchen und historischen Ereignissen basieren können. Zum Beispiel kann das Falten der Hände in Gebetshaltung eine spirituelle oder religiöse Bedeutung haben, die auf jahrhundertealten Traditionen beruht. Das Verständnis dieser kulturellen Hintergründe ist entscheidend für eine angemessene Interpretation und Nutzung von Gesten in verschiedenen Kontexten.

Die Bedeutung der interkulturellen Sensibilität

In einer globalisierten Welt, in der Menschen aus verschiedenen Kulturen und Hintergründen miteinander interagieren, ist interkulturelle Sensibilität entscheidend. Ein Verständnis für die Vielfalt der Gesten und ihre kulturellen Bedeutungen kann dazu beitragen, Missverständnisse zu vermeiden und die zwischenmenschliche Kommunikation zu verbessern. Es ist wichtig, offen und respektvoll gegenüber den Gesten anderer Kulturen zu sein und sich bewusst zu sein, dass die eigenen Gesten möglicherweise in verschiedenen Kontexten unterschiedlich interpretiert werden können.

Zusammenfassung
Gesten als Sprache der Kultur

Gesten sind eine faszinierende und vielfältige Form der nonverbalen Kommunikation, die tief in den kulturellen Traditionen und Bräuchen verankert ist. Durch ihr Verständnis können wir tiefer in die Kulturen anderer eintauchen und eine größere Wertschätzung für die Vielfalt und Komplexität der menschlichen Kommunikation entwickeln. Gesten sind nicht nur Ausdruck unserer Gedanken und Emotionen, sondern auch eine Sprache der Kultur, die es uns ermöglicht, uns miteinander zu verbinden und gemeinsame Bedeutungen zu teilen.

Die Kunst der Mimikry:

Nachahmung als Ausdrucksform

Mimikry, die Kunst der Nachahmung, ist eine faszinierende Ausdrucksform der Körpersprache, die tief in der menschlichen Interaktion verwurzelt ist. Diese subtile Form der Nachahmung kann eine Vielzahl von Bedeutungen haben und spielt eine wichtige Rolle in unseren zwischenmenschlichen Beziehungen.

Die Natürlichkeit der Nachahmung
Ein Spiegel der Interaktion

Mimikry beginnt oft unbewusst, wenn wir uns intuitiv den Gesten, Ausdrücken und Verhaltensweisen anderer Menschen anpassen. Dieses Phänomen tritt häufig in sozialen Situationen auf, wenn wir uns mit anderen verbunden fühlen und uns bemühen, eine harmonische Beziehung aufzubauen. Wenn jemand lächelt, lächeln wir oft automatisch zurück, und wenn jemand gähnt, kann es sein, dass wir uns plötzlich auch gähnend ertappen. Diese spontane Nachahmung spiegelt unsere Empathie und unser Einfühlungsvermögen wider und trägt dazu bei, eine Atmosphäre des Verständnisses und der Verbundenheit zu schaffen.

Die Bedeutung der Spiegelneuronen
Das Gehirn hinter der Mimikry

Die Mechanismen, die der Mimikry zugrunde liegen, sind teilweise auf Spiegelneuronen zurückzuführen, spezialisierte Nervenzellen im Gehirn, die aktiviert werden, wenn wir das Verhalten anderer beobachten oder nachahmen. Diese Neuronen ermöglichen es uns, uns in die Lage anderer zu versetzen und ihre Handlungen zu verstehen, indem sie uns eine Art ›innere Simulation‹ der beobachteten Handlungen ermöglichen. Auf diese Weise kann Mimikry als eine Form der sozialen Empathie betrachtet werden, die es uns ermöglicht, uns mit anderen zu verbinden und ihre Erfahrungen nachzuvollziehen.

Die Vielfalt der Nachahmung
Von Gesten bis zu Emotionen

Mimikry kann verschiedene Formen annehmen, von der Nachahmung von Gesten und Körperhaltungen bis hin zur Nachahmung von Emotionen und Stimmungen. Durch die Nachahmung der Körpersprache und der emotionalen Ausdrücke anderer können wir uns besser in ihre Gefühlswelt einfühlen und eine tiefere Verbindung herstellen. Dies kann dazu beitragen, Konflikte zu reduzieren, das Vertrauen zu stärken und unsere zwischenmenschlichen Beziehungen zu verbessern.

Die kulturelle Vielfalt der Mimikry
Unterschiede und Gemeinsamkeiten

Obwohl Mimikry eine universelle Form der zwischenmenschlichen Kommunikation ist, gibt es auch kulturelle Unterschiede
in der Art und Weise, wie sie interpretiert und genutzt wird.
Was in einer Kultur als höfliche Geste der Nachahmung angesehen wird, kann in einer anderen als unangemessen oder respektlos betrachtet werden. Dennoch gibt es grundlegende
menschliche Bedürfnisse nach Verbundenheit und Verständnis,
die Mimikry als eine universelle Sprache der Empathie und des
Mitgefühls verankern.

Die Bedeutung der bewussten Mimikry
Die Kraft der Empathie

Während Mimikry oft spontan und unbewusst auftritt, können wir auch bewusst versuchen, diese Ausdrucksform einzusetzen, um unsere zwischenmenschlichen Beziehungen zu stärken und das Vertrauen und die Verbundenheit zu fördern. Indem wir uns aktiv bemühen, die Gesten, Ausdrücke und Verhaltensweisen anderer zu spiegeln, zeigen wir unsere Empathie
und unser Interesse an ihrer Erfahrung und schaffen eine Atmosphäre des gegenseitigen Verständnisses und der Unterstützung.

Zusammenfassung

Mimikry als Ausdruck der Verbundenheit

Die Kunst der Mimikry ist eine faszinierende und kraftvolle Ausdrucksform der Körpersprache, die uns hilft, uns mit anderen zu verbinden und eine tiefere Verbindung herzustellen. Durch die Nachahmung der Gesten, Ausdrücke und Verhaltensweisen anderer können wir unsere Empathie und unser Einfühlungsvermögen zum Ausdruck bringen und eine Atmosphäre des gegenseitigen Verständnisses und der Verbundenheit schaffen. Mimikry ist eine universelle Sprache der Empathie, die es uns ermöglicht, uns in die Lage anderer zu versetzen und unsere zwischenmenschlichen Beziehungen zu stärken.

Berührung als Kommunikationsmittel: Rührungen der Extremitäten

Berührung ist eine der ältesten und intimsten Formen der zwischenmenschlichen Kommunikation. Von einem festen Händedruck bis hin zu einer liebevollen Umarmung können Berührungen eine Vielzahl von Emotionen und Botschaften vermitteln. In diesem Kapitel werden wir uns mit der Bedeutung von Berührung als Kommunikationsmittel, insbesondere mit Rührungen der Extremitäten, auseinandersetzen.

Die Sprache der Berührung
Ein Ausdruck von Nähe und Verbundenheit

Berührungen haben eine einzigartige Fähigkeit, Nähe und Verbundenheit zwischen Menschen herzustellen. Eine zärtliche Hand auf der Schulter kann Trost und Unterstützung vermitteln, während eine liebevolle Umarmung Wärme und Zuneigung ausdrücken kann. Durch Berührung können wir uns auf einer tieferen Ebene verbinden und emotionale Bindungen stärken.

Rührungen der Extremitäten
Vielfältige Ausdrucksformen

Rührungen der Extremitäten umfassen eine Vielzahl von Gesten, die die Arme, Hände, Beine und Füße einschließen.

Ein sanftes Streicheln über den Arm kann Vertrauen und Beruhigung vermitteln, während das Halten der Hand einer anderen Person Unterstützung und Solidarität signalisieren kann. Selbst eine einfache Berührung der Füße kann Geborgenheit und Intimität ausdrücken.

Die Bedeutung des Kontexts
Empathie und Sensibilität

Die Bedeutung von Berührungen hängt stark vom Kontext ab, in dem sie stattfinden. Eine liebevolle Umarmung kann in einem Moment der Trauer Trost spenden, während sie in einem anderen Kontext als unangemessen empfunden werden kann. Es ist wichtig, empathisch und sensibel auf die Bedürfnisse und Grenzen anderer zu reagieren und die Art der Berührung entsprechend anzupassen.

Kulturelle Unterschiede und individuelle Präferenzen
Vielfalt in der Interpretation

Obwohl Berührungen eine universelle Form der Kommunikation sind, gibt es auch kulturelle Unterschiede und individuelle Präferenzen in der Interpretation von Berührungen. Was in einer Kultur als angemessene Form der Zuneigung angesehen wird, kann in einer anderen als unangemessen oder sogar beleidigend betrachtet werden. Es ist wichtig, diese Unterschiede zu respektieren und sich bewusst zu sein, dass die eigenen Vorlieben nicht universell sind.

Die Kraft der Berührung

Heilung und Unterstützung

Berührungen haben auch eine heilende und unterstützende Wirkung auf Körper und Geist. Studien haben gezeigt, dass Berührungen Stress reduzieren, die Immunfunktion verbessern und das Wohlbefinden steigern können. Eine liebevolle Umarmung kann Trost spenden und emotionale Unterstützung bieten, während eine sanfte Massage die Muskeln entspannen und die Durchblutung verbessern kann.

Zusammenfassung

Die Bedeutung von Berührung in der menschlichen Kommunikation

Berührung ist eine kraftvolle und universelle Form der zwischenmenschlichen Kommunikation, die Nähe, Verbundenheit und Unterstützung vermitteln kann. Rührungen der Extremitäten sind eine Vielzahl von Gesten, die die Arme, Hände, Beine und Füße einschließen und eine breite Palette von Emotionen und Botschaften vermitteln können. Es ist wichtig, sich der Bedeutung von Berührung bewusst zu sein und sie mit Empathie und Sensibilität einzusetzen, um die Qualität unserer zwischenmenschlichen Beziehungen zu verbessern und ein Gefühl von Gemeinschaft und Wohlbefinden zu fördern.

Nonverbale Signale erkennen:
Ein Leitfaden für den Alltag

Die Fähigkeit, nonverbale Signale zu erkennen und zu interpretieren, ist in unserem täglichen Leben von entscheidender Bedeutung. Ob im Beruf, in sozialen Situationen oder in zwischenmenschlichen Beziehungen, die Fähigkeit, die Körpersprache anderer zu verstehen, kann uns helfen, effektiver zu kommunizieren, Missverständnisse zu vermeiden und unsere Beziehungen zu verbessern.

Die Bedeutung nonverbaler Signale
Mehr als Worte allein

Nonverbale Signale machen einen großen Teil unserer zwischenmenschlichen Kommunikation aus und können oft mehr über unsere Gedanken, Emotionen und Absichten verraten als Worte allein. Körpersprache, Gesten, Mimik und Tonfall können subtile Hinweise darauf geben, wie sich jemand fühlt oder was er denkt, und uns dabei helfen, besser zu verstehen, was wirklich gemeint ist.

Die Kunst des Zuhörens
Aufmerksamkeit auf nonverbale Signale lenken

Um nonverbale Signale erfolgreich zu erkennen, ist es wichtig, bewusst auf die Körpersprache und das Verhalten anderer zu achten. Dies erfordert eine aktive Zuhörhaltung und die Fähigkeit, über das Gesagte hinauszublicken und die gesamte Kommunikation zu erfassen. Indem wir unsere Aufmerksamkeit auf nonverbale Signale lenken, können wir uns ein vollständigeres Bild davon machen, was die andere Person uns mitteilen möchte.

Die Vielfalt nonverbaler Signale
Von Gesten bis zu Tonfall

Nonverbale Signale können viele Formen annehmen, darunter Gesten, Mimik, Blickkontakt, Körperhaltung und Tonfall. Jede dieser Formen der Körpersprache kann wichtige Hinweise darauf geben, wie sich jemand fühlt oder was er denkt. Zum Beispiel kann eine verschränkte Körperhaltung auf Abwehr oder Unbehagen hinweisen, während ein entspannter Tonfall und offene Gesten auf Offenheit und Zustimmung hinweisen können.

Die Bedeutung des Kontexts
Nicht nur auf nonverbale Signale achten

Es ist wichtig, nonverbale Signale immer im Kontext zu betrachten und nicht isoliert zu interpretieren. Das Verhalten einer Person kann durch eine Vielzahl von Faktoren beeinflusst werden, darunter ihre Stimmung, ihre Persönlichkeit, ihre kulturellen Hintergründe und die spezifische Situation, in der sie sich befinden. Daher ist es wichtig, auch andere Hinweise zu berücksichtigen, wie zum Beispiel das Gesagte und den Kontext der Interaktion.

Die Bedeutung der Praxis
Nonverbale Signale bewusst einsetzen

Um unsere Fähigkeit zur Erkennung nonverbaler Signale zu verbessern, ist es hilfreich, bewusst an unserer Beobachtungsgabe zu arbeiten und regelmäßig zu üben, auf die Körpersprache anderer zu achten. Dies kann durch Rollenspiele, Beobachtungstraining oder einfach durch bewusstes Nachdenken über unsere eigenen nonverbalen Signale erreicht werden. Je mehr wir uns mit nonverbaler Kommunikation beschäftigen, desto besser werden wir darin, sie zu verstehen und effektiv darauf zu reagieren.

Zusammenfassung
Die Kunst der nonverbalen Kommunikation

Die Fähigkeit, nonverbale Signale zu erkennen und zu interpretieren, ist eine wertvolle Fertigkeit, die uns hilft, effektiver zu kommunizieren und unsere zwischenmenschlichen Beziehungen zu verbessern. Indem wir bewusst auf die Körpersprache und das Verhalten anderer achten, können wir ein tieferes Verständnis für ihre Gedanken, Emotionen und Absichten entwickeln und eine harmonischere Interaktion fördern. Die Kunst der nonverbalen Kommunikation ist eine lebenslange Reise, die es uns ermöglicht, uns selbst und andere besser zu verstehen und eine tiefere Verbindung herzustellen.

Das Zusammenspiel von Körpersprache und Stimme

Das Zusammenspiel von Körpersprache und Stimme ist ein faszinierendes Phänomen, das einen wesentlichen Bestandteil unserer zwischenmenschlichen Kommunikation ausmacht. In diesem Kapitel werden wir uns damit befassen, wie sich Körpersprache und Stimme gegenseitig beeinflussen und wie sie gemeinsam eine vollständige Botschaft vermitteln können.

Die Rolle der Stimme in der Kommunikation

Die Stimme ist ein mächtiges Werkzeug der Kommunikation, das weit über die bloße Übermittlung von Worten hinausgeht. Tonfall, Lautstärke, Tempo und Intonation können alle wichtige Hinweise auf die Emotionen, Absichten und Stimmungen einer Person geben. Eine sanfte, ruhige Stimme kann Ruhe und Gelassenheit ausdrücken, während eine laute, energische Stimme oft Begeisterung oder Entschlossenheit signalisiert.

Die Bedeutung der Körpersprache als Ergänzung zur Stimme

Körpersprache ergänzt die Stimme und verleiht unseren Worten zusätzliche Tiefe und Bedeutung. Gesten, Mimik, Körperhaltung und Bewegungen können subtile Nuancen hinzufügen und helfen, die Botschaft einer Person zu verstärken oder zu verdeutlichen. Zum Beispiel kann ein begeistertes Lächeln die Begeisterung in unserer Stimme unterstreichen, während eine verschränkte Körperhaltung das Gegenteil signalisiert und möglicherweise Zweifel oder Unbehagen ausdrückt.

Die Synchronisation von Körpersprache und Stimme

Eine effektive Kommunikation erfordert oft die synchronisierte Verwendung von Körpersprache und Stimme. Wenn Körpersprache und Stimme nicht im Einklang sind, kann dies zu Missverständnissen oder einer inkonsistenten Botschaft führen. Zum Beispiel kann eine zögerliche Körperhaltung im Widerspruch zu einer selbstbewussten Stimme Verwirrung beim Zuhörer hervorrufen und die Glaubwürdigkeit der Person beeinträchtigen.

Die Wirkung auf das Publikum

Emotionale Resonanz und Überzeugungskraft

Wenn Körpersprache und Stimme in Harmonie miteinander arbeiten, können sie eine starke emotionale Resonanz beim Publikum hervorrufen und die Überzeugungskraft einer Botschaft verstärken. Eine offene, zugewandte Körperhaltung in Verbindung mit einer klaren, kraftvollen Stimme kann Vertrauen und Glaubwürdigkeit vermitteln und das Publikum dazu ermutigen, der präsentierten Idee zuzustimmen oder sich mit ihr zu identifizieren.

Die Kunst der bewussten Kommunikation

Um das volle Potenzial von Körpersprache und Stimme auszuschöpfen, ist es wichtig, bewusst an ihrer Nutzung zu arbeiten und sich ihrer Wirkung auf andere bewusst zu sein. Dies erfordert Achtsamkeit und Selbstreflexion sowie die Fähigkeit, sich in die Lage des Publikums zu versetzen und zu verstehen, wie unsere Worte und unsere Körpersprache von anderen wahrgenommen werden.

Zusammenfassung

Das harmonische Zusammenspiel von Körpersprache und Stimme

Das Zusammenspiel von Körpersprache und Stimme ist ein wesentlicher Bestandteil unserer zwischenmenschlichen Kommunikation, der eine wichtige Rolle dabei spielt, unsere Gedanken, Emotionen und Absichten zu vermitteln. Indem wir uns bewusst auf die Nutzung von Körpersprache und Stimme konzentrieren und ihre Wirkung auf andere verstehen, können wir unsere Kommunikationsfähigkeiten verbessern und eine tiefere Verbindung zu unserem Publikum herstellen. Die Kunst der bewussten Kommunikation liegt darin, Körpersprache und Stimme in Einklang zu bringen, um eine klare, kraftvolle Botschaft zu vermitteln und andere zu inspirieren und zu überzeugen.

Der Einfluss von Emotionen auf die Körpersprache

Emotionen sind ein grundlegender Bestandteil unserer menschlichen Erfahrung und beeinflussen in hohem Maße unsere Körpersprache. In diesem Kapitel werden wir uns damit befassen, wie Emotionen die Art und Weise beeinflussen, wie wir uns körperlich ausdrücken, und wie diese Ausdrucksformen zu einem integralen Teil unserer zwischenmenschlichen Kommunikation wurden.

Die Sprache der Emotionen
Körperliche Ausdrucksformen

Emotionen manifestieren sich nicht nur in unseren Gedanken und Gefühlen, sondern auch in unserem Körper. Jede Emotion, sei es Freude, Trauer, Wut oder Angst, hat charakteristische körperliche Ausdrucksformen, die sich in unserer Körpersprache zeigen. Zum Beispiel können ein strahlendes Lächeln und lebhafte Gesten Freude und Begeisterung ausdrücken, während hängende Schultern und gesenkte Blicke Traurigkeit oder Entmutigung signalisieren können.

Die Evolution der Emotionen und ihrer Ausdrucksformen

Die Fähigkeit, Emotionen körperlich auszudrücken, ist tief in unserer evolutionären Geschichte verwurzelt. Schon unsere frühesten Vorfahren nutzten körperliche Signale, um Gefahren zu signalisieren, Bedürfnisse auszudrücken und soziale Bindungen zu stärken. Im Laufe der Evolution haben sich diese Ausdrucksformen weiterentwickelt und verfeinert, um den komplexen Anforderungen unserer sozialen Umgebung gerecht zu werden.

Die Universalität und Kulturabhängigkeit von Emotionsausdrücken

Während einige Aspekte der Emotionsausdrücke universell sind und in allen Kulturen ähnlich interpretiert werden, gibt es auch kulturelle Unterschiede und Variationen. Bestimmte Gesten und Ausdrucksformen können in einer Kultur als angemessen oder unangemessen angesehen werden, während sie in einer anderen Kultur eine völlig andere Bedeutung haben können. Trotz dieser Unterschiede gibt es jedoch grundlegende menschliche Emotionen, die über kulturelle Grenzen hinweg verstanden werden und sich in ähnlichen körperlichen Ausdrucksformen manifestieren.

Der Einfluss von Emotionsausdrücken auf die zwischenmenschliche Kommunikation

Emotionsausdrücke spielen eine entscheidende Rolle in unserer zwischenmenschlichen Kommunikation und können die Art und Weise beeinflussen, wie wir uns selbst und andere wahrnehmen. Ein offener, zugewandter Ausdruck kann Vertrauen und Verbundenheit fördern, während ein verschlossener oder abweisender Ausdruck Distanz und Misstrauen signalisieren kann. Indem wir uns bewusst auf unsere Emotionsausdrücke achten und lernen, sie zu interpretieren, können wir unsere zwischenmenschlichen Beziehungen verbessern und ein tieferes Verständnis für uns selbst und andere entwickeln.

Die Selbstregulation von Emotionen und ihrer Ausdrucksformen

Obwohl Emotionen oft spontan und unmittelbar sind, haben wir auch die Fähigkeit, sie zu regulieren und ihren Ausdruck zu kontrollieren. Dies erfordert Selbstbewusstsein, Selbstkontrolle und die Fähigkeit, angemessene Bewältigungsstrategien zu entwickeln, um mit unseren Emotionen umzugehen. Indem wir lernen, unsere Emotionsausdrücke bewusst zu steuern, können wir effektiver kommunizieren und positive zwischenmenschliche Beziehungen fördern.

Zusammenfassung
Die untrennbare Verbindung von Emotionen und Körpersprache

Emotionen und Körpersprache sind untrennbar miteinander verbunden und bilden zusammen eine mächtige Form der zwischenmenschlichen Kommunikation. Indem wir uns bewusst auf die Signale unserer Körpersprache achten und lernen, sie zu interpretieren, können wir ein tieferes Verständnis für uns selbst und andere entwickeln und unsere zwischenmenschlichen Beziehungen stärken. Die Kunst der Emotionsregulation und des Emotionsausdrucks ist eine lebenslange Reise, die es uns ermöglicht, unsere emotionale Intelligenz zu entwickeln und ein erfüllteres und erfüllenderes Leben zu führen.

Körpersprache im Beruf: Erfolgreiche Kommunikation am Arbeitsplatz

Die Körpersprache spielt eine entscheidende Rolle in der Kommunikation am Arbeitsplatz und kann einen erheblichen Einfluss auf den Erfolg und die Effektivität von beruflichen Interaktionen haben. In diesem Kapitel werden wir untersuchen, wie eine bewusste Nutzung der Körpersprache dazu beitragen kann, die Kommunikation am Arbeitsplatz zu verbessern und berufliche Ziele zu erreichen.

Die Bedeutung von Körpersprache im beruflichen Umfeld

Im beruflichen Umfeld ist erfolgreiche Kommunikation von entscheidender Bedeutung für den Erfolg eines Unternehmens und die Effektivität eines Teams. Körpersprache kann dabei helfen, Botschaften klarer zu vermitteln, Beziehungen aufzubauen, Vertrauen zu schaffen und Konflikte zu lösen. Eine positive und professionelle Körpersprache kann dazu beitragen, das Arbeitsklima zu verbessern und die Produktivität zu steigern.

Die Bedeutung von Körpersprache in verschiedenen beruflichen Situationen

Die Bedeutung von Körpersprache variiert je nach der Art der beruflichen Situation. In einem Vorstellungsgespräch kann eine selbstbewusste und offene Körperhaltung das Vertrauen des Interviewers gewinnen, während einer Präsentation eine dynamische und überzeugende Körpersprache die Aufmerksamkeit des Publikums aufrechterhalten kann. In Teammeetings kann eine offene und zugewandte Körpersprache die Zusammenarbeit fördern und zur Lösung von Problemen beitragen.

Die Rolle von Körpersprache bei der Führung und im Management

Für Führungskräfte und Manager ist die Fähigkeit, ihre Körpersprache bewusst einzusetzen, von entscheidender Bedeutung. Eine starke und selbstbewusste Körpersprache kann Autorität und Führungsqualitäten vermitteln und Mitarbeiter dazu motivieren, ihr Bestes zu geben. Eine empathische Körpersprache kann dazu beitragen, Mitarbeiter zu unterstützen und ein positives Arbeitsumfeld zu schaffen.

Die Bedeutung von Körpersprache bei der zwischenmenschlichen Interaktion

In jeder beruflichen Interaktion spielt Körpersprache eine wichtige Rolle bei der zwischenmenschlichen Kommunikation.

Ein festes Händeschütteln kann Vertrauen und Respekt signalisieren, während ein offener Blickkontakt und eine zugewandte Körperhaltung zeigen können, dass man offen für Ideen und Feedback ist. Eine bewusste Nutzung der Körpersprache kann dazu beitragen, Missverständnisse zu vermeiden und eine positive Arbeitsbeziehung aufzubauen.

Die Entwicklung von Körpersprachekompetenz am Arbeitsplatz

Die Entwicklung von Körpersprachekompetenz erfordert Bewusstsein, Selbstreflexion und Übung. Indem man sich bewusst auf seine eigene Körpersprache achtet und lernt, die Körpersprache anderer zu interpretieren, kann man seine kommunikativen Fähigkeiten verbessern und erfolgreiche berufliche Beziehungen aufbauen. Schulungen und Workshops zur Körpersprache können dabei helfen, diese Fähigkeiten weiter zu entwickeln und die Kommunikation am Arbeitsplatz zu optimieren.

Zusammenfassung

Die Bedeutung von Körpersprache für erfolgreiche berufliche Kommunikation

Die Körpersprache spielt eine entscheidende Rolle in der Kommunikation am Arbeitsplatz und kann einen erheblichen Einfluss auf den Erfolg und die Effektivität von beruflichen Interaktionen haben. Indem man sich bewusst auf seine eigene Körpersprache achtet und lernt, die Körpersprache anderer zu interpretieren, kann man seine kommunikativen Fähigkeiten verbessern und erfolgreiche berufliche Beziehungen aufbauen. Die bewusste Nutzung der Körpersprache ist ein wesentlicher Bestandteil der beruflichen Entwicklung und kann dazu beitragen, berufliche Ziele zu erreichen und erfolgreich im Arbeitsumfeld zu agieren.

Lügen und Körpersprache:
Wie man Unaufrichtigkeit entlarvt

Die Fähigkeit, Lügen zu erkennen, ist ein wertvolles Werkzeug in verschiedenen Lebensbereichen, sei es im persönlichen oder beruflichen Umfeld. Körpersprache spielt dabei eine entscheidende Rolle, da sie oft subtile Hinweise auf Unaufrichtigkeit geben kann. In diesem Kapitel werden wir uns damit beschäftigen, wie man anhand der Körpersprache Unaufrichtigkeit entlarven kann und welche Signale darauf hinweisen können, dass jemand lügt.

Die Beziehung zwischen Lügen und Körpersprache

Menschen, die lügen, sind oft darauf bedacht, ihre wahre Absicht zu verbergen, aber ihr Körper kann unwillkürlich Hinweise darauf geben, dass etwas nicht stimmt. Körpersprache ist ein Ausdruck unseres inneren Zustands und kann uns verraten, wenn jemand versucht, uns zu täuschen. Indem wir lernen, die Zeichen zu erkennen, können wir besser verstehen, was hinter den Worten einer Person verborgen ist.

Klassische Anzeichen von Unaufrichtigkeit

Es gibt einige klassische Anzeichen von Unaufrichtigkeit, die sich in der Körpersprache manifestieren können. Dazu gehören vermehrtes Augenreiben, vermeidendem Blickkontakt, Zittern, Fummeln mit den Händen, unruhiges Beinwippen oder ein plötzlicher Anstieg der Stimmlage. Diese Signale können darauf hindeuten, dass jemand nervös oder gestresst ist, was oft mit dem Versuch zusammenhängt, eine Lüge aufrechtzuerhalten.

Widersprüche zwischen verbaler und nonverbaler Kommunikation

Ein weiteres Anzeichen für Unaufrichtigkeit sind Widersprüche zwischen verbaler und nonverbaler Kommunikation. Wenn jemand zum Beispiel behauptet, etwas zu glauben oder zu unterstützen, während seine Körpersprache das Gegenteil signalisiert, kann dies darauf hinweisen, dass er nicht die ganze Wahrheit sagt. Indem wir auf solche Diskrepanzen achten, können wir erkennen, dass etwas nicht stimmt und weitere Nachforschungen anstellen.

Die Bedeutung von Kontext und Intuition

Es ist wichtig zu beachten, dass die Interpretation von Körpersprache immer im Kontext betrachtet werden sollte. Manchmal können die gleichen körperlichen Signale unterschiedliche Bedeutungen haben, je nachdem, was in der jeweiligen Situation vor sich geht. Darüber hinaus ist es wichtig, auf unsere Intuition zu hören und auf unser Bauchgefühl zu vertrauen. Oftmals können wir intuitiv spüren, wenn etwas nicht stimmt, auch wenn wir es nicht genau benennen können.

Die Grenzen der Körpersprache als Lügenindikator

Obwohl Körpersprache wertvolle Hinweise auf Unaufrichtigkeit geben kann, ist sie kein absolut zuverlässiger Indikator für Lügen. Menschen können trainiert sein, ihre Körpersprache zu kontrollieren oder zu manipulieren, und es gibt auch Ausnahmen von den klassischen Anzeichen von Unaufrichtigkeit. Daher ist es wichtig, andere Beweise und Informationen zu berücksichtigen, bevor man Schlussfolgerungen zieht.

Zusammenfassung
Die Kunst der Lügendetektion durch Körpersprache

Die Fähigkeit, Lügen durch Körpersprache zu erkennen, ist ein wertvolles Werkzeug in verschiedenen Lebensbereichen. Indem wir lernen, die Signale von Unaufrichtigkeit zu erkennen und zu interpretieren, können wir besser verstehen, was hinter den Worten einer Person verborgen ist. Es ist jedoch wichtig, Kontext und Intuition zu berücksichtigen und sich bewusst zu sein, dass Körpersprache nur ein Teil des Gesamtbildes ist.

Microexpressions: Verborgene Emotionen im Gesicht

Im täglichen Leben begegnen wir einer Vielzahl von Emotionen, die sich in den Gesichtern anderer Menschen widerspiegeln. Oftmals sind diese Emotionen jedoch nur für einen kurzen Moment sichtbar, bevor sie wieder unterdrückt oder maskiert werden. Diese flüchtigen Ausdrücke werden als Microexpressions bezeichnet und können uns wichtige Einblicke in die verborgenen Emotionen einer Person geben.

Die Entdeckung von Microexpressions

Die Existenz von Microexpressions wurde erstmals in den 1960er Jahren vom Psychologen Paul Ekman und seinem Kollegen Wallace V. Friesen erforscht. Durch ihre Studien entdeckten sie, dass Menschen oft unbewusst und unwillkürlich Emotionen in Bruchteilen von Sekunden ausdrücken, bevor sie wieder in neutralere Gesichtsausdrücke zurückkehren. Diese Entdeckung war bahnbrechend und führte zu einem vertieften Verständnis der menschlichen Emotionen und der Körpersprache.

Die Bedeutung von Microexpressions in der Kommunikation

Microexpressions sind von großer Bedeutung für die zwischenmenschliche Kommunikation, da sie uns Hinweise darauf geben können, was eine Person wirklich denkt oder fühlt, auch wenn sie versucht, ihre Emotionen zu verbergen. Indem wir lernen, Microexpressions zu erkennen und zu interpretieren, können wir besser verstehen, was hinter den Worten einer Person verborgen ist und können effektiver auf ihre Bedürfnisse und Gefühle eingehen.

Die Typen von Microexpressions

Es gibt verschiedene Arten von Microexpressions, die verschiedene Emotionen widerspiegeln können, darunter Freude, Trauer, Wut, Überraschung, Angst und Ekel. Jede dieser Emotionen hat charakteristische Merkmale in der Gesichtsmuskulatur, die sich in den flüchtigen Ausdrücken zeigen. Zum Beispiel kann ein Augenblick der Traurigkeit durch eine leichte Senkung der Mundwinkel und ein Zusammenziehen der Augenbrauen ausgedrückt werden, während ein Moment der Freude durch ein Anheben der Mundwinkel und ein Glänzen in den Augen erkennbar ist.

Die Herausforderung der Erkennung von Microexpressions

Die Erkennung von Microexpressions erfordert eine hohe Aufmerksamkeit und Sensibilität für subtile Gesichtsausdrücke. Da sie nur für einen Bruchteil einer Sekunde sichtbar sind, können sie leicht übersehen werden, wenn man nicht darauf trainiert ist, sie zu erkennen. Daher ist es wichtig, regelmäßig zu üben und seine Fähigkeiten zur Erkennung von Microexpressions zu schärfen, um ihre volle Bedeutung zu verstehen.

Die Anwendung von Microexpressions in verschiedenen Bereichen

Microexpressions finden Anwendung in verschiedenen Bereichen, darunter Forensik, Psychologie, Verhandlungsführung, Verkauf und Führung. Forensiker können Microexpressions nutzen, um die Glaubwürdigkeit von Zeugenaussagen zu beurteilen, während Psychologen sie verwenden können, um die verborgenen Emotionen ihrer Patienten zu erkennen. In der Verhandlungsführung und im Verkauf können sie dazu beitragen, die Bedürfnisse und Motivationen anderer besser zu verstehen, während sie in der Führung dazu beitragen können, die Gefühle und Bedürfnisse von Mitarbeitern zu erkennen und darauf einzugehen.

Zusammenfassung
Die Bedeutung von Microexpressions

Microexpressions sind ein faszinierendes Phänomen der menschlichen Emotionen und Körpersprache, das uns wichtige Einblicke in die verborgenen Emotionen einer Person geben kann. Indem wir lernen, Microexpressions zu erkennen und zu interpretieren, können wir besser verstehen, was eine Person wirklich denkt oder fühlt, und effektiver auf ihre Bedürfnisse und Gefühle eingehen. Die Fähigkeit, Microexpressions zu verstehen, ist ein wertvolles Werkzeug in verschiedenen Lebensbereichen und kann dazu beitragen, unsere zwischenmenschlichen Beziehungen zu verbessern und erfolgreich zu kommunizieren.

Körpersprache im Dating:

Signale der Anziehung und Ablehnung

Das Dating ist eine Phase des Kennenlernens und der Annäherung, in der Körpersprache eine entscheidende Rolle spielt. Während verbale Kommunikation wichtig ist, senden wir oft auch nonverbale Signale aus, die viel über unsere Gefühle und Absichten verraten. In diesem Kapitel werden wir uns mit den verschiedenen Signalen der Anziehung und Ablehnung befassen, die durch Körpersprache im Dating ausgedrückt werden.

Die Bedeutung von Körpersprache im Dating

Körpersprache spielt eine entscheidende Rolle im Dating, da sie oft direktere Einblicke in unsere Gefühle und Absichten gibt als verbale Kommunikation allein. Während wir vielleicht sagen können, dass wir jemanden mögen oder nicht mögen, sendet unser Körper oft subtile Signale aus, die viel über unsere tatsächlichen Empfindungen verraten. Indem wir lernen, diese Signale zu erkennen und zu interpretieren, können wir besser verstehen, wie unser Date uns gegenüber empfindet und wie wir uns verhalten sollten.

Signale der Anziehung

Es gibt eine Vielzahl von Signalen, die darauf hinweisen können, dass unser Date an uns interessiert ist und eine Anziehung spürt. Dazu gehören ein offener Blickkontakt, ein Lächeln, das Gesicht zum Gesprächspartner hinneigen, eine offene und zugewandte Körperhaltung, das Nachahmen von Gesten oder Körperbewegungen, das Berühren des eigenen Gesichts oder Haares sowie das Spiegeln unserer eigenen Körperbewegungen. Diese Signale können darauf hinweisen, dass unser Date Interesse an uns hat und eine Verbindung herstellen möchte.

Signale der Ablehnung

Ebenso gibt es Signalen, die darauf hinweisen können, dass unser Date kein Interesse an uns hat oder uns ablehnt. Dazu gehören vermiedener Blickkontakt, verschränkte Arme oder Beine, eine nach hinten geneigte Körperhaltung, ein ausdrucksloses Gesicht oder ein genervter Gesichtsausdruck, ein Mangel an Interesse am Gesprächsthema, das Vermeiden von Berührung oder Nähe sowie das Fehlen von Spiegelung oder Nachahmung unserer Körperbewegungen. Diese Signale können darauf hinweisen, dass unser Date kein Interesse an einer weiteren Beziehung mit uns hat und dass es besser ist, unsere Bemühungen einzustellen.

Die Bedeutung von Kontext und Intuition

Es ist wichtig zu beachten, dass Körpersprache immer im Kontext betrachtet werden sollte und dass nicht alle Signale eindeutig sind. Manchmal kann ein fehlender Blickkontakt oder eine verschränkte Haltung andere Gründe haben als Desinteresse, und es ist wichtig, unsere Intuition zu berücksichtigen und auf unser Bauchgefühl zu hören. Wenn wir das Gefühl haben, dass unser Date kein Interesse an uns hat, ist es oft besser, unsere Bemühungen einzustellen und uns anderen Möglichkeiten zuzuwenden.

Zusammenfassung
Die Bedeutung von Körpersprache im Dating

Körpersprache spielt eine entscheidende Rolle im Dating und kann viel über die Gefühle und Absichten unseres Dates verraten. Indem wir lernen, die Signale der Anziehung und Ablehnung zu erkennen und zu interpretieren, können wir besser verstehen, wie unser Date uns gegenüber empfindet und wie wir uns verhalten sollten. Es ist wichtig, Kontext und Intuition zu berücksichtigen und darauf zu achten, dass nicht alle Signale eindeutig sind. Letztendlich kann die Fähigkeit, Körpersprache im Dating zu verstehen, dazu beitragen, erfolgreichere und erfüllendere Beziehungen aufzubauen.

Körpersprache im digitalen Zeitalter: Emotionen hinter dem Bildschirm

Mit dem Aufkommen digitaler Kommunikationsmittel hat sich auch die Art und Weise verändert, wie wir miteinander interagieren und kommunizieren. Ob in E-Mails, Chats, sozialen Medien oder Videoanrufen - unsere Körpersprache spielt auch im digitalen Zeitalter eine wichtige Rolle und kann viel über unsere Emotionen hinter dem Bildschirm verraten.

Die Herausforderung der digitalen Kommunikation

Die digitale Kommunikation hat viele Vorteile, bietet aber auch Herausforderungen, wenn es darum geht, Emotionen und Absichten angemessen zu vermitteln. Im Gegensatz zur persönlichen Interaktion fehlen in digitalen Gesprächen oft wichtige nonverbale Signale wie Tonfall, Mimik und Körperhaltung, die viel über unsere Emotionen aussagen. Dies kann zu Missverständnissen und falschen Interpretationen führen und die zwischenmenschliche Kommunikation erschweren.

Die Rolle von Emojis und Emoticons

Um diese Lücke in der digitalen Kommunikation zu füllen, haben sich Emojis und Emoticons als beliebte Mittel etabliert, um Emotionen und Stimmungen auszudrücken. Von lächelnden Gesichtern über Tränen lachende Emojis bis hin zu wütenden oder traurigen Emoticons - sie ermöglichen es uns, unsere Gefühle hinter dem Bildschirm zu vermitteln und unseren Nachrichten eine persönliche Note zu verleihen. Obwohl sie hilfreich sein können, sind sie jedoch oft nicht in der Lage, die gesamte Bandbreite menschlicher Emotionen angemessen auszudrücken.

Die Bedeutung von Wortwahl und Schreibstil

In digitalen Gesprächen spielen auch die Wortwahl und der Schreibstil eine wichtige Rolle bei der Vermittlung von Emotionen. Die Art und Weise, wie wir unsere Nachrichten formulieren und welche Wörter wir verwenden, kann viel darüber aussagen, wie wir uns fühlen und wie wir von anderen wahrgenommen werden. Ein freundlicher und zugewandter Schreibstil kann Vertrauen und Sympathie fördern, während ein aggressiver oder distanzierter Tonfall das Gegenteil bewirken kann.

Die Grenzen der digitalen Körpersprache

Trotz aller Bemühungen bleibt die digitale Körpersprache oft begrenzt und kann nicht alle Facetten menschlicher Emotionen angemessen vermitteln. Während Emojis, Emoticons, Wortwahl und Schreibstil hilfreich sein können, um unsere Emotionen hinter dem Bildschirm auszudrücken, fehlen oft wichtige nonverbale Signale wie Tonfall, Mimik und Körperhaltung, die viel über unsere tatsächlichen Gefühle aussagen können. Daher ist es wichtig, bei der digitalen Kommunikation vorsichtig zu sein und Missverständnisse zu vermeiden.

Die Zukunft der digitalen Körpersprache

Mit der Weiterentwicklung von Technologien wie virtueller Realität und erweiterter Realität könnte sich die Art und Weise, wie wir im digitalen Raum miteinander interagieren, weiter verändern. Diese Technologien könnten es ermöglichen, nonverbale Signale wie Mimik und Gestik auch über große Entfernungen hinweg zu übertragen, was die digitale Kommunikation noch persönlicher und authentischer machen würde. Es bleibt jedoch abzuwarten, wie sich diese Entwicklungen in Zukunft entfalten werden.

Zusammenfassung

Die Bedeutung von Körpersprache im digitalen Zeitalter

Trotz der Herausforderungen und Grenzen bleibt die Körpersprache auch im digitalen Zeitalter ein wichtiger Aspekt der zwischenmenschlichen Kommunikation. Indem wir uns bewusst sind, wie unsere digitalen Nachrichten von anderen wahrgenommen werden könnten, und indem wir uns um eine klare und einfühlsame Kommunikation bemühen, können wir Missverständnisse vermeiden und unsere Beziehungen stärken, egal ob hinter dem Bildschirm oder von Angesicht zu Angesicht.

Die Psychologie der offenen und geschlossenen Körperhaltung: Einblicke in verborgene Botschaften

Die Art und Weise, wie wir unseren Körper halten und positionieren, kann viel darüber aussagen, wie wir uns fühlen und wie wir von anderen wahrgenommen werden. In diesem Kapitel werden wir uns mit der Psychologie der offenen und geschlossenen Körperhaltung befassen und untersuchen, welche verborgenen Botschaften sie vermitteln können.

Die Bedeutung der Körperhaltung

Unsere Körperhaltung ist ein wesentlicher Bestandteil unserer nonverbalen Kommunikation und kann viel darüber aussagen, wie wir uns fühlen und wie wir uns in einer bestimmten Situation verhalten. Eine aufrechte und offene Körperhaltung signalisiert oft Selbstbewusstsein, Offenheit und Selbstsicherheit, während eine eingeknickte und geschlossene Körperhaltung oft Unsicherheit, Angst oder Ablehnung signalisiert.

Die offene Körperhaltung
Signale von Selbstbewusstsein und Offenheit

Eine offene Körperhaltung zeigt Selbstbewusstsein und Offenheit gegenüber anderen Menschen und neuen Erfahrungen. Menschen mit einer offenen Körperhaltung neigen dazu, aufrecht zu stehen oder zu sitzen, ihre Arme und Beine zu öffnen und direkten Blickkontakt herzustellen. Diese Signale signalisieren anderen, dass sie selbstsicher sind und bereit, sich anderen gegenüber zu öffnen.

Die geschlossene Körperhaltung
Signale von Unsicherheit und Ablehnung

Im Gegensatz dazu signalisiert eine geschlossene Körperhaltung oft Unsicherheit, Angst oder Ablehnung. Menschen mit einer geschlossenen Körperhaltung neigen dazu, sich zusammenzuziehen, ihre Arme und Beine zu verschränken, ihren Blick abzuwenden und sich von anderen abzuwenden. Diese Signale können anderen signalisieren, dass sie sich unwohl fühlen oder nicht bereit sind, sich anderen gegenüber zu öffnen.

Die psychologischen Ursachen von offener und geschlossener Körperhaltung

Die Art und Weise, wie wir unsere Körperhaltung einnehmen, kann von einer Vielzahl von psychologischen Faktoren beeinflusst werden, darunter unsere Gefühle, Gedanken und Erfahrungen. Menschen mit einem hohen Selbstbewusstsein neigen oft dazu, eine offene Körperhaltung einzunehmen, während Menschen mit geringem Selbstwertgefühl oder sozialer Angst eher zu einer geschlossenen Körperhaltung neigen. Auch situative Faktoren wie Stress, Angst oder Unsicherheit können unsere Körperhaltung beeinflussen und dazu führen, dass wir uns zurückziehen und uns verschließen.

Die Bedeutung von Körperhaltung in verschiedenen Kontexten

Die Bedeutung von offener und geschlossener Körperhaltung kann je nach Kontext variieren. In sozialen Situationen, wie zum Beispiel bei einem Treffen mit Freunden oder in einem Gruppengespräch, kann eine offene Körperhaltung Vertrauen und Sympathie fördern und die zwischenmenschliche Interaktion erleichtern. In beruflichen Situationen, wie zum Beispiel bei einem Vorstellungsgespräch oder einer Präsentation, kann eine offene Körperhaltung Selbstbewusstsein und Kompetenz signalisieren und einen positiven Eindruck hinterlassen.

Zusammenfassung
Die Psychologie der offenen und geschlossenen Körperhaltung

Unsere Körperhaltung ist ein mächtiges Instrument der nonverbalen Kommunikation, das viel darüber aussagen kann, wie wir uns fühlen und wie wir von anderen wahrgenommen werden. Indem wir uns bewusst sind, welche Botschaften wir mit unserer Körperhaltung senden, können wir unsere zwischenmenschlichen Beziehungen verbessern und erfolgreicher kommunizieren, sowohl im privaten als auch im beruflichen Leben.

Körpersprache im Konflikt: Deeskalation durch nonverbale Kommunikation

In Konfliktsituationen kann unsere Körpersprache eine entscheidende Rolle dabei spielen, ob sich die Situation weiter verschärft oder ob sie deeskaliert wird. In diesem Kapitel werden wir uns damit befassen, wie wir durch gezielte nonverbale Kommunikation Konflikte entschärfen können und wie unsere Körpersprache dazu beitragen kann, Spannungen abzubauen und Verständnis zu fördern.

Die Dynamik von Konfliktsituationen

Konflikte entstehen oft aus Missverständnissen, unterschiedlichen Interessen oder ungelösten Problemen und können schnell eskalieren, wenn die Beteiligten nicht in der Lage sind, effektiv miteinander zu kommunizieren. In solchen Situationen ist es wichtig, dass wir unsere nonverbale Kommunikation gezielt einsetzen, um die Situation zu entschärfen und eine konstruktive Lösung zu finden.

Signale der Aggression und Abwehr

In Konfliktsituationen neigen Menschen oft dazu, nonverbale Signale der Aggression oder Abwehr zu senden, wie zum Beispiel eine angespannte Körperhaltung, ein erhöhter Tonfall, ein aggressiver Blick oder eine drohende Gestik. Diese Signale können die Spannungen weiter verschärfen und dazu führen, dass sich die Situation weiter zuspitzt, anstatt sich zu beruhigen.

Signale der Deeskalation und Kooperation

Im Gegensatz dazu können bestimmte nonverbale Signale dazu beitragen, Konflikte zu entschärfen und eine positive Atmosphäre für die Konfliktlösung zu schaffen. Dazu gehören eine entspannte Körperhaltung, ein ruhiger Tonfall, offene Gesten, ein einfühlsamer Blickkontakt und ein respektvoller Abstand zum Gegenüber. Diese Signale signalisieren Offenheit, Kooperationsbereitschaft und den Willen zur Verständigung.

Die Bedeutung von Empathie und Verständnis

Bei der Deeskalation von Konflikten ist es wichtig, Empathie und Verständnis für die Perspektive des anderen zu zeigen und darauf zu achten, wie unsere nonverbale Kommunikation auf ihn oder sie wirkt. Durch einfühlsame Gesten, wie zum Beispiel Nicken, Augenkontakt und ein offenes Lächeln, können wir signalisieren, dass wir die Gefühle und Bedürfnisse des anderen respektieren und ernst nehmen.

Die Rolle von Körpersprache in der Konfliktlösung

Unsere Körpersprache spielt eine entscheidende Rolle dabei, ob sich Konflikte weiter verschärfen oder ob sie deeskaliert werden. Indem wir unsere nonverbale Kommunikation gezielt einsetzen und Signale der Deeskalation senden, können wir dazu beitragen, dass sich die Situation beruhigt und dass eine konstruktive Lösung gefunden wird. Letztendlich kann die Fähigkeit, Konflikte durch nonverbale Kommunikation zu deeskalieren, dazu beitragen, dass wir uns besser verstehen und respektvoller miteinander umgehen.

Körpersprache bei Kindern:
Signale richtig interpretieren

Kinder kommunizieren nicht nur verbal, sondern auch durch ihre Körpersprache. Ihre Gesten, Mimik und Körperhaltung können viel darüber aussagen, wie sie sich fühlen und was sie gerade erleben. In diesem Kapitel werden wir uns damit befassen, wie wir die Körpersprache von Kindern richtig interpretieren können und wie wir dadurch ihre Bedürfnisse und Gefühle besser verstehen können.

Die Vielfalt der kindlichen Körpersprache

Kinder drücken sich oft auf vielfältige Weise durch ihre Körpersprache aus. Sie können lebhaft und beweglich sein, wenn sie glücklich und aufgeregt sind, aber auch still und zurückhaltend, wenn sie traurig oder ängstlich sind. Ihre Gesichtsausdrücke, Gesten und Bewegungen können uns viel darüber verraten, was in ihnen vorgeht und wie sie die Welt um sich herum wahrnehmen.

Signale von Freude und Begeisterung

Wenn Kinder glücklich und aufgeregt sind, zeigen sie oft lebendige und expressive Körpersprache. Sie können herumhüpfen, tanzen, strahlen und lachen, um ihre Freude auszudrücken. Ihre Augen leuchten, ihr Lächeln ist breit und ihre Bewegungen sind voller Energie. Diese Signale zeigen uns, dass sie sich wohl und glücklich fühlen und dass sie bereit sind, die Welt zu entdecken und zu erkunden.

Signale von Traurigkeit oder Angst

Wenn Kinder traurig oder ängstlich sind, zeigen sie oft eine andere Art von Körpersprache. Sie können sich zusammenrollen, die Schultern hängen lassen, den Blick senken und ihre Mimik verstecken. Ihre Bewegungen können langsamer und zögerlicher werden, und sie können sich von anderen zurückziehen. Diese Signale zeigen uns, dass sie sich unwohl oder unsicher fühlen und dass sie Trost und Unterstützung benötigen.

Die Bedeutung von Beobachtung und Einfühlungsvermögen

Um die Körpersprache von Kindern richtig interpretieren zu können, ist es wichtig, genau hinzuschauen und aufmerksam zu sein. Indem wir ihre Gesten, Mimik und Körperhaltung aufmerksam beobachten und einfühlsam darauf reagieren, können wir ihre Bedürfnisse und Gefühle besser verstehen und angemessen darauf eingehen. Dies kann dazu beitragen, dass sich Kinder verstanden und unterstützt fühlen und dass ihre emotionalen Bedürfnisse besser erfüllt werden.

Die Rolle von Kommunikation und Empathie

Kommunikation und Empathie spielen eine entscheidende Rolle dabei, die Körpersprache von Kindern richtig zu interpretieren und darauf angemessen zu reagieren. Indem wir mit unseren Kindern einfühlsam kommunizieren und auf ihre nonverbalen Signale eingehen, können wir ihr Vertrauen stärken und eine unterstützende Beziehung aufbauen. Letztendlich können wir durch eine einfühlsame Interpretation ihrer Körpersprache dazu beitragen, dass sich Kinder verstanden und geliebt fühlen und dass sie sich gesund und glücklich entwickeln.

Der Einfluss von Stress auf die Körpersprache: Eine komplexe Beziehung

Stress ist eine natürliche Reaktion des Körpers auf Herausforderungen und Belastungen. Er kann sowohl kurzfristig als auch langfristig auftreten und hat vielfältige Auswirkungen auf unsere Körper und unsere Psyche. In diesem Kapitel werden wir uns damit befassen, wie Stress unsere Körpersprache beeinflusst und welche Signale darauf hindeuten können, dass jemand unter Stress steht.

Die Physiologie des Stresses

Stress ist eine komplexe physiologische Reaktion, die eine Vielzahl von Veränderungen im Körper auslösen kann. Wenn wir uns gestresst fühlen, setzt unser Körper Stresshormone wie Adrenalin und Cortisol frei, die unsere Herzfrequenz erhöhen, unseren Blutdruck steigern und unsere Muskeln anspannen. Diese Reaktionen sind evolutionäre Mechanismen, die uns dabei helfen sollen, mit potenziell gefährlichen oder herausfordernden Situationen umzugehen.

Auswirkungen von Stress auf die Körpersprache

Stress kann sich auf vielfältige Weise auf unsere Körpersprache auswirken. Menschen, die unter akutem oder chronischem Stress stehen, können eine Vielzahl von nonverbalen Signalen aussenden, die darauf hinweisen, dass sie sich unwohl oder belastet fühlen. Dazu gehören eine angespannte Körperhaltung, ein steifer Nacken, verspannte Schultern, zusammengepresste Lippen, ein verengter Blick und eine schnelle oder flache Atmung. Diese Signale können anderen Menschen zeigen, dass wir uns gestresst fühlen und dass wir möglicherweise Unterstützung oder Entlastung benötigen.

Individuelle Unterschiede in der Stressreaktion

Es ist wichtig zu beachten, dass die Reaktionen auf Stress von Person zu Person variieren können und dass nicht jeder auf die gleiche Weise auf stressige Situationen reagiert. Einige Menschen können unter Stress ruhig und gelassen bleiben, während andere sich ängstlich und unruhig fühlen. Auch kulturelle und soziale Faktoren können eine Rolle dabei spielen, wie wir mit Stress umgehen und wie wir ihn ausdrücken.

Strategien zur Bewältigung von Stress

Um den Einfluss von Stress auf unsere Körpersprache zu verringern, ist es wichtig, effektive Bewältigungsstrategien zu entwickeln. Dazu gehören Techniken wie Meditation, Entspannungsübungen, körperliche Aktivität, soziale Unterstützung und Selbstfürsorge. Indem wir bewusst auf unsere Körpersignale achten und uns gezielt entspannen, können wir dazu beitragen, dass unser Körper und unsere Psyche wieder in Balance kommen und dass wir besser mit stressigen Situationen umgehen können.

Zusammenfassung

Ein komplexes Zusammenspiel

Der Einfluss von Stress auf die Körpersprache ist ein komplexes Zusammenspiel von physiologischen, psychologischen und sozialen Faktoren. Indem wir uns bewusst sind, wie Stress unsere Körpersprache beeinflusst, können wir besser verstehen, wie wir uns selbst und andere wahrnehmen und wie wir effektiv mit stressigen Situationen umgehen können. Letztendlich kann die Fähigkeit, Stress zu erkennen und darauf angemessen zu reagieren, dazu beitragen, dass wir gesünder, glücklicher und erfolgreicher leben.

Selbstbewusstsein durch Körpersprache: Die Macht der Körperhaltung auf das Selbstbild

Unsere Körperhaltung kann einen erheblichen Einfluss darauf haben, wie wir uns selbst wahrnehmen und wie wir von anderen wahrgenommen werden. In diesem Kapitel werden wir uns damit befassen, wie wir durch gezielte Körpersprache unser Selbstbewusstsein stärken können und wie unsere Körperhaltung unser Selbstbild beeinflusst.

Die Bedeutung der Körperhaltung für das Selbstbild

Die Art und Weise, wie wir unseren Körper halten, sendet nicht nur Signale an andere, sondern auch an uns selbst. Eine aufrechte und selbstbewusste Körperhaltung kann dazu beitragen, dass wir uns stärker und selbstbewusster fühlen, während eine schlaffe und unsichere Haltung das Gegenteil bewirken kann. Indem wir unsere Körperhaltung bewusst kontrollieren und optimieren, können wir unser Selbstbild positiv beeinflussen und unser Selbstbewusstsein stärken.

Der Zusammenhang zwischen Körperhaltung und Emotionen

Unsere Körperhaltung ist eng mit unseren emotionalen Zuständen verbunden. Wenn wir uns traurig oder niedergeschlagen fühlen, neigen wir dazu, unsere Schultern hängen zu lassen und den Blick zu senken. Wenn wir uns dagegen glücklich und selbstsicher fühlen, strecken wir uns oft aufrecht und strahlen offene und positive Signale aus. Indem wir unsere Körperhaltung gezielt anpassen, können wir unsere emotionalen Zustände beeinflussen und unser Selbstbewusstsein stärken.

Die Rolle von Power-Posen

Power-Posen sind bestimmte Körperhaltungen, die dazu dienen, Selbstbewusstsein und Selbstsicherheit zu stärken. Dazu gehören zum Beispiel das Ausstrecken der Arme über den Kopf oder das Einnehmen einer breiten und offenen Haltung. Studien haben gezeigt, dass das Einnehmen von Power-Posen vor wichtigen Ereignissen, wie zum Beispiel einem Vorstellungsgespräch oder einer Präsentation, dazu beitragen kann, dass wir uns selbstbewusster und erfolgreicher fühlen.

Praktische Übungen zur Stärkung des Selbstbewusstseins

Um unser Selbstbewusstsein durch Körpersprache zu stärken, können wir verschiedene praktische Übungen durchführen. Dazu gehören zum Beispiel das Einnehmen von Power-Posen, das Bewusstwerden und Korrigieren von unsicheren Körperhaltungen und das Visualisieren von Selbstsicherheit und Erfolg. Indem wir diese Übungen regelmäßig durchführen, können wir unser Selbstbewusstsein nachhaltig stärken und unser Selbstbild positiv beeinflussen.

Zusammenfassung
Die Macht der Körperhaltung

Die Körpersprache spielt eine entscheidende Rolle dabei, wie wir uns selbst wahrnehmen und wie wir von anderen wahrgenommen werden. Indem wir unsere Körperhaltung bewusst kontrollieren und optimieren, können wir unser Selbstbewusstsein stärken und unser Selbstbild positiv beeinflussen. Letztendlich kann die Fähigkeit, selbstbewusst und selbstsicher aufzutreten, dazu beitragen, dass wir erfolgreicher und glücklicher im Leben sind.

Die Zukunft der Körpersprache: Technologische Entwicklungen und neue Erkenntnisse

Die Körpersprache ist ein faszinierendes Gebiet, das kontinuierlich durch technologische Entwicklungen und neue wissenschaftliche Erkenntnisse vorangetrieben wird. In diesem Kapitel werden wir uns damit befassen, wie sich die Zukunft der Körpersprache gestaltet und welche Möglichkeiten und Herausforderungen sich durch technologische Innovationen ergeben.

Die Rolle von Technologie in der Erforschung der Körpersprache

Technologische Fortschritte haben dazu beigetragen, dass wir die Körpersprache besser verstehen und analysieren können als je zuvor. Moderne Sensortechnologien, wie zum Beispiel tragbare Geräte und Kamerasysteme, ermöglichen es Forschern, die feinsten Bewegungen und Ausdrucksformen des menschlichen Körpers zu erfassen und zu analysieren. Durch den Einsatz von ›Machine Learning‹ und künstlicher Intelligenz können komplexe Muster und Zusammenhänge in der Körpersprache identifiziert und interpretiert werden.

Anwendungen in verschiedenen Bereichen

Die Fortschritte in der Erforschung der Körpersprache haben zahlreiche Anwendungen in verschiedenen Bereichen. In der Medizin werden Körpersprache-Analyse-Systeme eingesetzt, um frühzeitig Anzeichen von Krankheiten und Gesundheitsproblemen zu erkennen. In der Psychologie werden sie verwendet, um die Emotionen und mentalen Zustände von Menschen besser zu verstehen. In der Technologiebranche werden sie genutzt, um die Benutzererfahrung von Produkten und Dienstleistungen zu verbessern.

Herausforderungen und ethische Fragen

Trotz der vielversprechenden Möglichkeiten, die technologische Entwicklungen in der Erforschung der Körpersprache bieten, gibt es auch Herausforderungen und ethische Fragen, die beachtet werden müssen. Dazu gehören Fragen der Privatsphäre und des Datenschutzes, die Entwicklung von zuverlässigen und ethisch vertretbaren Analysemethoden und die Gewährleistung eines verantwortungsvollen Umgangs mit den gewonnenen Erkenntnissen.

Die Rolle des Menschen in der Zukunft der Körpersprache

Trotz der Fortschritte in der Technologie bleibt der Mensch der Schlüssel zur Interpretation und Nutzung der Körpersprache. Es ist wichtig, dass wir weiterhin unsere Fähigkeit zur Beobachtung, Empathie und sozialen Interaktion entwickeln und pflegen, um die feinen Nuancen der menschlichen Körpersprache richtig zu verstehen und angemessen darauf zu reagieren.

Ein Ausblick in die Zukunft

Die Zukunft der Körpersprache verspricht eine faszinierende Entwicklung, die durch technologische Innovationen und wissenschaftliche Erkenntnisse vorangetrieben wird. Durch die Kombination von menschlichem Einfühlungsvermögen und technologischer Expertise können wir immer mehr über die verborgenen Signale des Körpers erfahren und sie nutzen, um unsere Gesundheit, unser Wohlbefinden und unsere zwischenmenschlichen Beziehungen zu verbessern.

Über den Autor

Lutz Spilker wurde im Jahre 1955 in Duisburg geboren.

Bevor er zum Schreiben von Romanen und Dokumentationen fand, verließen bisher unzählige Kurzgeschichten, Kolumnen und Versdichtungen seine Feder.

In seinen Büchern befasst er sich vorrangig mit dem menschlichen Bewusstsein und der damit verbundenen Wahrnehmung. Seine Grenzen sind nicht die, welche mit der Endlichkeit des Denkens, des Handelns und des Lebens begrenzt werden, sondern jene, die der empirischen Denkform noch nicht unterliegen.

Es sind die Möglichkeiten des Machbaren, die Dinge, welche sich allein in der Vorstellung eines jeden Menschen darstellen und aufgrund der Flüchtigkeit des Geistes unbewiesen bleiben. Die Erkenntnis besitzt ihre Gültigkeit lediglich bis zur Erlangung einer neuen und die passiert zu jeder weiteren Sekunde.

Die Welt von Lutz Spilker beginnt dort, wo zu Beginn allen Seins nichts Fassbares war, als leerer Raum. Kein Vorne, kein Hinten, kein Oben und kein Unten. Kein Glaube, kein Wissen, keine Moral, keine Gesetze und keine Grenzen. Nichts.

In Lutz Spilkers Romanen passieren heimtückische Morde ebenso wie die Zauber eines Märchens. Seine Bücher sind oftmals Thriller, Krimi, Abenteuer, Science Fiction, Fantasy und selbst Love-Story in einem.

»Ich liebe die Sprache: Sie vermag zu streicheln, zu liebkosen und zu Tränen zu rühren. Doch sie kann ebenso stachelig sein, wie der Dorn einer Rose und mit nur einem Hieb zerschmettern.«

In dieser Reihe sind bisher erschienen

Die Erfindung der Wiedergeburt
Die Erfindung des Zufalls
Die Erfindung der Namen
Die Erfindung des Bewusstseins
Die Erfindung des freien Willens
Die Erfindung des Wahrsagens
Die Erfindung der Körpersprache
Die Erfindung des Schlafs
Die Erfindung der Sklaverei
Die Erfindung der Angst
Die Erfindung der Vernunft
Die Erfindung des Vollmonds
Die Erfindung des Vitamin B
Die Erfindung des Make-Up
Die Erfindung des Weihnachtsfestes
Die Erfindung des Ku-Klux-Klan
Die Erfindung des Träumens
Die Erfindung der Flaschenpost
Die Erfindung der Mafia
Die Erfindung der Freimaurer
Die Erfindung der Freibeuter
Die Erfindung der Raumfahrt
Die Erfindung der Tempelritter
Die Erfindung des ADHS-Syndroms
Die Erfindung der Homöopathie
Die Erfindung der Freizeitparks

FSC
www.fsc.org

MIX

Papier | Fördert
gute Waldnutzung

FSC® C083411

Zeitfracht Medien GmbH
Ferdinand-Jühlke-Straße 7
99095 Erfurt, Deutschland
produktsicherheit@kolibri360.de